Made in the USA
Coppell, TX
18 September 2021

62598484R00069